Superfood-Cookies

Lucia und Theresa Baumgärtner

Superfood-Cookies

Aus Liebe zum gesunden Naschen

Jan Thorbecke Verlag

VERLAGSGRUPPE PATMOS

PATMOS
ESCHBACH
GRÜNEWALD
THORBECKE
SCHWABEN

Die Verlagsgruppe
mit Sinn für das Leben

© 2016 Jan Thorbecke Verlag
der Schwabenverlag AG, Ostfildern
www.thorbecke.de

Gestaltung: Finken & Bumiller, Stuttgart
Fotos: Marina Jerkovic
Druck: Firmengruppe APPL, Wemding
Hergestellt in Deutschland
ISBN 978-3-7995-1109-4 (Print)
ISBN 978-3-7995-1113-1 (eBook)

Theresa Baumgärtner absolvierte einen
Master in Kultur und Wirtschaft und ist
beruflich ihrem Herzen gefolgt. Sie ist Food-
bloggerin, Kochbuchautorin, Kolumnistin und
arbeitet als freie Moderatorin und Autorin für
das Fernsehen. Auf ihren Foodcamps bringt
sie begeisterte Hobbyköche in ihrer Küche in
Luxemburg zusammen und vermittelt ihre
Philosophie einer einfachen, saisonalen
und gesunden Küche.
Mehr aus Theresas kulinarischer Welt unter
www.theresaskueche.de.

Lucia Baumgärtner arbeitet seit vielen
Jahren als freie Journalistin für den NDR.
Die Begeisterung für kulinarische Themen
trägt sie in ihren Reportagen, Filmen und
Kochbüchern weiter. Kochen und Backen
mit gesunden, köstlichen Zutaten haben bei
ihr eine lange Tradition. Ihre Vollwertback-
bücher waren Bestseller. Bei Thorbecke
erschien 2013 »Shortbread«. Dieses kleine,
sehr erfolgreiche Backbuch entstand in
Zusammenarbeit mit ihrer Tochter Theresa.

Marina Jerkovic studierte Fotodesign am
Lette Verein in Berlin. Sie lebt und arbeitet
als selbstständige Fotografin schon seit über
10 Jahren in Berlin. Neben ihrer Passion für
dokumentarische Fotothemen beschäftigt
sie sich intensiv mit der Foodfotografie.
Im Mai 2015 hat sie ihren Foodblog
www.piroggi.com zum Leben erweckt.

Inhalt

Vorwort

„Do small things with great love!" Diesen Gedanken hatten wir stets im Kopf, als wir die neuen Plätzchenrezepte für unser Buch entwickelten. Mit viel Liebe zum Detail haben wir experimentiert, Teige geknetet, geformt und gebacken. Unser Ziel: Kekse, die nicht nur mit „leeren" Kalorien, sondern mit vielen gesunden Nährstoffen daherkommen. Einfach Rezepte, die jeder leicht nachbacken kann. Cookies, die wir mitnehmen können zum Wandern in den Bergen, kleine Kraftpakete für unterwegs und feines Gebäck, das wir zur Teepause naschen können. Um diesen Wünschen näher zu kommen, beschäftigten wir uns zuerst intensiv mit den sogenannten Superfoods. Dieser Begriff bezeichnet pflanzliche Nahrungsmittel, die eine außergewöhnlich hohe Nährstoffdichte besitzen. Ihr Gehalt an Vitaminen, Mineralstoffen, leicht verdaulichen Proteinen, ungesättigten Fettsäuren und sekundären Pflanzenstoffen macht sie aus ernährungsphysiologischer Sicht besonders kostbar. Bei unserer Recherche wurde schnell deutlich: Superfoods muten zwar neu an, aber ihre Wertschätzung hat oft eine sehr lange Geschichte. Die Heilkräfte zum Beispiel der Chiasamen waren schon in der Hochkultur der Mayas bekannt. In den Backstuben unserer Urgroßmütter wurde schon mit Buchweizenmehl, Walnüssen und Trockenfrüchten gebacken. Da wir in unserer Küche auf regionale Produkte aus biologischem Anbau großen Wert legen, haben für uns heimische Superfoods einen besonderen Stellenwert. Aber auch hier galt es eine Auswahl zu treffen. Manche Zutaten eignen sich vielleicht für einen Smoothie, aber nicht als Backzutat. So ist uns die Braunhirse deutlich zu bitter, von den kleinen Hanfsamen dagegen sind wir sehr begeistert.

Und hier noch ein paar weitere Einblicke in unsere Backphilosophie: Weizen ist ein hoch gezüchtetes, sehr ertragreiches Getreide. Wir bevorzugen den robusten Dinkel, den schon Hildegard von Bingen aufgrund seiner gesundheitsfördernden Eigenschaften lobte. Das aromatische, leicht nussig schmeckende Dinkelmehl hat beste Backeigenschaften und lässt sich gut mit anderen Mehlsorten wie zum Beispiel Buchweizenmehl mischen. Für eine gute Konsistenz der Teige müssen bestimmte Zutaten vorher in einem Multizerkleinerer oder in einem Standmixer gemahlen werden. Unsere Lieblingsfette zum Backen sind frische Biobutter und für vegane Rezepte natives Kokosöl. Rohrohrzucker, Kokosblütenzucker, Ahorn- und Reissirup setzen wir nur sehr sparsam zum Süßen ein. Dicke Zuckerglasuren brauchen wir für unser Gebäck nicht. Ab und zu bestäuben wir die Kekse mit einer homöopathischen Dosis Puderzucker aus Rohrohrzucker. Wir geben an dieser Stelle ohne Umschweife zu, dass uns nicht nur der feine Geschmack, sondern auch die Optik des Gebäcks sehr am Herzen liegt. „Mindfulness" – Achtsamkeit – ist eines unserer Lieblingswörter. Die entspannte Atmosphäre beim Backen ist genauso wichtig wie das sorgfältige Auswählen und Bereitstellen der Zutaten. Das konzentrierte Lesen der Rezeptur, die exakte Herstellung der Teige, das liebevolle Formen und Ausstechen, all dies trägt zum guten Gelingen bei und sorgt für ein perfektes Ergebnis. Wir wünschen Ihnen viel Freude beim Backen und Genießen unserer Superfood-Cookies.

Ihre Lucia und Theresa Baumgärtner

Superfoods

Unsere Auswahl an Superfoods zum Backen:

 glutenfrei

 roh

 vegan

 zuckerfrei

AMARANTH

Das glutenfreie Pseudogetreide betrachteten schon die Inkas als Wunderkorn! Beachtlich ist der hohe Gehalt an Lysin, und deshalb gilt Amaranth als ein richtiges Beauty-food!

ARONIA

Unsere inzwischen heimische Superfoodbeere, die vor allem in der Nähe von Dresden angebaut wird. Ihr enormer Gehalt an Anthocyanen, also Pflanzenfarbstoffen, macht sie so wertvoll. Sie gilt als entzündungs-hemmend und gefäßschützend.

AVOCADO

Sie beeindruckt durch ihren Vitamingehalt und durch die Menge an ungesättigten Fettsäuren. Das Enzym Lipase kurbelt die Fettverbrennung an!

BUCHWEIZEN

Großmutters Superfood erfährt gerade wieder eine große Renais-sance! Die glutenfreien, dreieckigen Körner liefern wertvolle Proteine, Mineral- und Ballaststoffe.

CHIASAMEN

Die Samen aus Mexiko sind die Stars unter den Superfoods! Sie beein-drucken durch ihren hohen Gehalt an Omega-3-Fettsäuren, Anti-oxidantien, Proteinen, Vitaminen, Mineral- und Ballaststoffen. Sie besitzen eine hohe Quellfähigkeit.

CRANBERRYS

Sie werden auch Großfrüchtige Moosbeeren genannt und gehören zur Familie der Heidekrautgewächse. Sie stärken durch ihren Vitamin-gehalt das Immunsystem und wirken entzündungshemmend.

GOJI-BEEREN

Die kleinen herbsüßen Beeren haben in der traditionellen chinesischen Medizin eine große Bedeutung. Sie stärken das allgemeine Wohl-befinden und die Leistungsfähigkeit.

HAFER

Dieses gesunde, ballaststoffreiche Getreide ist ideal für das Frühstück und für den Sport, denn es macht lange satt. Im Bioladen sind auch glutenfreie Haferflocken erhältlich.

HAGEBUTTEN

Ein Superfood aus Großmutters Rosengarten. Sie stärken das Immunsystem durch hohen Vitamin-C-Gehalt.

HANFSAMEN

Ein absoluter Favorit unter den Superfoods! Sie punkten durch wertvolle Proteine, Vitamine, Mineralstoffe und Omega-3- und Omega-6-Fettsäuren. Feiner, nussiger Geschmack!

HEIDELBEEREN

Die kleinen blauen Beeren zählen zu den Früchten mit den höchsten antioxidativen Wirkungen und helfen so dem Körper, sich vor freien Radikalen zu schützen. Es ist die Anti-Aging-Frucht!

HIRSE

Die Goldhirse zählt zur Familie der Süßgräser und ist glutenfrei Der Geschmack ist leicht bitter, aber durch den hohen Gehalt an Kieselsäure ist Hirse eine perfekte Schönmacherin für Haut, Haare und Fingernägel!

KAKAO

Vor allem Kakao in roher Form enthält einen hohen Anteil Flavonoide, Magnesium, Calcium, Eisen und ungesättigte Fettsäuren. Und er trägt Stoffe in sich, die für Glücksgefühle sorgen!

KOKOS

„Baum des Himmels" wird die Kokospalme in den tropischen Küstengebieten genannt. Natives, hochwertiges Kokosöl ist reich an Laurinsäure, der eine positive Wirkung auf das Herzkreislaufsystem nachgesagt wird. Der Schmelzpunkt liegt bei 21–25°C.

LEINSAMEN

Die kleinen Samen der Flachspflanze bieten ein großes Spektrum an Nährstoffen, besonders der Gehalt an Omega-3-Fettsäuren macht sie wertvoll. Leinsamenmehl hat eine stark quellende Eigenschaft und wird in veganen Rezepten gern als Ei-Ersatz verwendet.

MATCHA

Das Wort Matcha bedeutet „gemahlener Tee". Die leuchtend grüne Farbe des Pulvers kommt durch die Menge an Chlorophyll. Hohe Konzentration an Antioxidantien, Vitaminen und Mineralstoffen.

MAULBEEREN

Die getrockneten Beeren schmecken ähnlich wie Rosinen und sehen wie längliche, blasse Brombeeren aus. Sie sind sehr vitalstoffreich und eignen sich zum gesunden Naschen.

TEFF

Die glutenfreien winzigen Samen der Zwerghirse haben als gesundes Nahrungsmittel in Äthiopien eine sehr lange Tradition. Sehr mineralstoffreich! Genial zum Backen!

WALNÜSSE

Unsere heimischen Nüsse sind ein richtiges Brainfood! Sie stecken voller gesunder Omega-3-Fettsäuren, sekundären Pflanzenstoffen und reichlich B-Vitaminen.

Hafer-Physalis-Cookies

Diese Cookies haben eine herrliche Zitrusnote! Bereits die Zubereitung des Teiges ist ein Aromen-Fest für die Sinne!

Zutaten für etwa 25 Stück

**2 TL Chiasamen
1 Medjool-Dattel ohne Kern
20 g getrocknete Physalis
110 g natives Kokosöl
Mark von ½ Vanilleschote
110 g glutenfreie Haferflocken
1 Prise gemahlener Zimt
½ TL gemahlener Ingwer
1 Prise Meersalz
½ TL Backpulver
Schale von ½ Bio-Orange
Schale von ½ Bio-Zitrone
70 g Ahornsirup**

① Die Chiasamen in 4 TL Wasser einweichen. Die Dattel und die Physalis sehr fein hacken und in 1 EL Wasser einweichen. Das feste Kokosöl mit dem Mark der Vanilleschote in einer Rührschüssel schaumig schlagen.

② 70 g der Haferflocken fein mahlen. 1 TL der gemahlenen Haferflocken und die eingeweichten Chiasamen unter das schaumige Kokosöl rühren. Das restliche Hafermehl mit den restlichen Haferflocken, dem Zimt, dem Ingwer, dem Salz und dem Backpulver in einer Schüssel vermengen.

③ Die Orangen- und die Zitronenschale unter die Chia-Kokoscreme rühren. Nun die Mehlmischung, dann den Ahornsirup und zum Schluss die eingeweichten Früchte unter den Teig rühren.

④ Den Teig zu einer ca. 3,5 cm dicken Rolle formen. Mit Hilfe einer Klarsichtfolie geht das ganz einfach. In Folie eingewickelt die Rolle für 30 Minuten kühl stellen.

⑤ Den Backofen auf 150 °C (Umluft) vorheizen. Den Teig aus der Folie wickeln, in 4 mm breite Scheiben schneiden und auf ein mit Backpapier ausgelegtes Backblech setzen. Die kleinen Teigkreise evtl. noch etwas flach drücken. Nun die Cookies in 15–20 Minuten auf mittlerer Schiene goldbraun backen und auf dem Blech auskühlen lassen. Sie bleiben luftdicht in einer Dose verschlossen für einige Wochen knusprig.

Alpentaler

Mit diesen Hafer-Kokos-Talern im Rucksack geht es federleicht über Stock und Stein!

Zutaten für etwa 30 Stück

40 g Haferflocken
25 g Kokosflocken
25 g Dinkelmehl, Type 630
15 g Rohrohrzucker
1 Prise Meersalz
1 Msp. Natron
5 g Goji-Beeren
25 g Butter
½ EL Reissirup

① Die Hafer- und die Kokosflocken fein mahlen und mit dem Dinkelmehl, dem Zucker, dem Salz und dem Natron in eine Rührschüssel geben. Die Goji-Beeren fein hacken, ebenfalls hinzufügen und alles gut vermischen.

② Die Butter und den Reissirup in einem kleinen Topf schmelzen und danach zu der Mehlmischung geben. Mit einem Löffel alles kurz vermengen. 13 ml kochendes Wasser dazugießen und die Zutaten mit der Hand zu einem glatten Teig kneten. Die Teigkugel zu einer etwa 20 cm langen und 2,5 cm dicken Rolle formen. (Tipp: Wenn der Teig in eine Klarsichtfolie gewickelt wird, klebt beim Formen nichts.)

③ Die Rolle in 0,5 cm breite Scheiben schneiden. Mit einer Gabel ein Muster in jedes Plätzchen drücken und die Cookies 15 Minuten kühl stellen.

④ Ein Backblech mit Backpapier auslegen. Den Backofen auf 160 °C (Umluft) vorheizen. Die Cookies etwa 15 Minuten backen, bis sie leicht braun sind. Danach auf einem Gitter auskühlen lassen und weitere 5 Minuten backen. Durch dieses sogenannte „Twice baked" werden die Cookies besonders knusprig.

Seedy Matcha Bars

Diese saftigen Matcha-Riegel sind einfach ideal für unterwegs! Ob beim Wandern, auf Reisen oder an endlosen Arbeitstagen – solch ein Power-Riegel sorgt in jeder Lage für ausreichend neue Energie.

Zutaten für etwa 14 Riegel

30 g Chiasamen
100 g Mandeln
65 g getrocknete Cranberrys
65 g getrocknete Aprikosen
35 g getrocknete Goji-Beeren
150 g glutenfreie Haferflocken
40 g Kokosflocken
35 g gerösteter Sesam
1 TL gemahlener Ingwer
¼ TL Meersalz
5 g Matcha-Pulver
3 sehr reife mittelgroße Bananen
6 frische Medjool-Datteln
    ohne Kern
Mark von 1 Vanilleschote
50 g natives Kokosöl, flüssig
    (leicht erwärmen)

1. Die Chiasamen ca. 10 Minuten in 100 ml Wasser einweichen. In der Zwischenzeit den Backofen auf 180 °C (Umluft) vorheizen.

2. Die Mandeln, die Cranberrys, die Aprikosen und die Goji-Beeren mit einem Messer fein hacken und in eine große Schüssel geben. Die Haferflocken, die Kokosflocken, den Sesam, den Ingwer, das Salz und den Matcha hinzufügen.

3. Die eingeweichten Chiasamen mit den geschälten Bananen, den Datteln, dem Vanillemark und dem Kokosöl pürieren und zu den trockenen Zutaten geben. Alles miteinander verkneten.

4. Die Masse in einer mit Kokosöl gefetteten Tarteform (36 × 12 cm) verteilen und für 20–25 Minuten auf mittlerer Schiene backen, so dass die Ecken leicht gebräunt sind. Den gebackenen Müsliriegel in 1,5 cm breite Streifen schneiden und auf einem Rost abkühlen lassen.

5. Luftdicht verschlossen halten sich die Müsliriegel am besten im Kühlschrank. Sie lassen sich aber auch wunderbar einfrieren und nach Bedarf einzeln herausholen.

Trail Mix To Go

Zwei rotbackige Äpfel, eine Flasche stilles Quellwasser und diese köstlichen Riegel: Auf geht´s!

Zutaten für 1 Kastenform

35 g Hanfsamen
120 g glutenfreie Haferflocken
35 g Sonnenblumenkerne
25 g getrocknete Cranberrys
25 g gepuffter Amaranth
30 g Chiasamen
20 g Sesam
60 g Erdnussmus
130 g Reissirup
1 Prise Meersalz
Mark von ¼ Vanilleschote

① Die Hanfsamen, die Haferflocken und die Sonnenblumenkerne in eine Pfanne geben und unter Wenden leicht anrösten. Danach in eine Schüssel geben. Die Cranberrys fein hacken und hinzufügen. Den Amaranth, die Chiasamen und den Sesam ebenfalls dazugeben. Alles gut durchmischen.

② In einem Topf das Erdnussmus, den Reissirup, das Salz und das Vanille-mark unter Rühren erhitzen. Die Masse zu den anderen Zutaten geben und mit einem Kochlöffel so lange verrühren, bis alles gut befeuchtet ist.

③ Eine Kastenform mit Klarsichtfolie auslegen, die Körnermasse einfüllen und mit der Hand festdrücken. Die Oberfläche mit Folie abdecken und die Form 1 Stunde kühl stellen.

④ Danach mit einem scharfen Messer in 1,5 cm breite Riegel aufschneiden. Die Riegel am besten in einer kleinen Lunchbox aufbewahren, damit sie nicht austrocknen.

Raw Chocolate Balls

Kleine Energie-Booster für Zwischendurch oder zum Krafttanken vor dem Sport.

Zutaten für etwa 25 Stück

75 g Mandeln
1 EL Chiasamen
1 EL Hanfsamen
4 Softfeigen
4 Medjool-Datteln ohne Kern
1 EL rohes Kakaopulver
3 EL gepuffter Amaranth

1) Die Mandeln, die Chiasamen und die Hanfsamen fein mahlen.

2) Die Softfeigen und die Datteln sehr fein hacken und mit dem Kakaopulver unter die gemahlenen Mandeln, die Chiasamen und die Hanfsamen mischen. Zum Schluss den Amaranth unterkneten. Mit den Händen kirschgroße Kugeln formen.

3) Die Energiekugeln halten sich am besten luftdicht verschlossen im Kühlschrank.

Süßkartoffel-Sesam-Cracker

Die Süßkartoffel zählt durch ihren hohen Anteil an Vital-stoffen zu den nährstoffreichsten Gemüsesorten! Im Ofen gebacken entfaltet die Wunderknolle ihr ganzes Aroma! So verarbeiten wir sie zu knusprigen Crackern und nehmen sie mit auf Wandertour.

Zutaten für ca. 55 Stück

1–2 Süßkartoffeln
85 g Dinkelmehl, Type 630
85 g Dinkelvollkornmehl, möglichst
**   frisch und fein gemahlen**
½ TL Meersalz
1 TL Backpulver
60 g kalte Butter
1 TL Ahornsirup
etwas Mehl zum Ausrollen
Sesam zum Bestreuen

1. Für das Süßkartoffelpüree je nach Größe 1–2 rundliche Süßkartoffeln einzeln in Alufolie wickeln und ca. 50 Minuten bei 180 °C (Umluft) im Backofen weich garen. Sie verlieren beim Backen noch an Gewicht. Die Schale entfernen und das weiche Innere für die Kekse behalten. Das Süßkartoffelpüree lässt sich so wunderbar auch in größeren Mengen vorbereiten und portionsweise einfrieren.

2. Die Dinkelmehle mit dem Salz und dem Backpulver in einer großen Schüssel vermengen. Die Butter in feinen Würfeln dazugeben und mit 200 g Süßkartoffelpüree und dem Ahornsirup zu einem glatten, geschmeidigen Teig kneten.

3. Den Teig auf einer bemehlten Arbeitsfläche ca. 2–3 mm dick ausrollen und mit einem Teigrädchen rautenförmig ausschneiden. Die Süßkartoffelrauten auf ein mit Backpapier ausgelegtes Blech setzen und für 15 Minuten kühl stellen.

4. Den Backofen auf 150 °C (Umluft) vorheizen. Die gekühlten Cracker erst mit einem Pinsel fein mit Wasser bestreichen, dann mit Sesam bestreuen und schließlich in ca. 15 Minuten auf mittlerer Schiene knusprig backen.

Knuspriges Haferglück

Einfach auf die Hand! Unser Haferglück sorgt mit allerbesten, kernigen Zutaten für einen perfekten Start in den Tag!

Zutaten für ca. 35 Stück

BODEN

2 EL Chiasamen
2 EL Ahornsirup
1 mittelgroße reife Banane
2 Medjool-Datteln ohne Kern
100 g Mandeln
100 g glutenfreie Haferflocken
1 gehäufter EL Hanfsamen
1 Prise Meersalz
1 TL Zimt
80 g natives Kokosöl

BELAG

60 g Mandeln
60 g getrocknete Cranberrys
60 g Haferflocken
60 g Kürbiskerne
3 EL natives Kokosöl, flüssig
   (leicht erwärmen)
3 EL Ahornsirup
3 EL Mandelmilch

① Den Backofen auf 180 °C (Umluft) vorheizen. Die Chiasamen etwa 10 Minuten in 4 EL Wasser einweichen und dann zusammen mit dem Ahornsirup, der geschälten Banane und den Datteln pürieren.

② Die Mandeln fein hacken und mit den Haferflocken, den Hanfsamen, dem Salz und dem Zimt in einer Schüssel vermengen. Das Kokosöl in Flöckchen dazugeben und alles zusammen mit dem Chia-Bananenpüree zu einem gleichmäßigen Teig verkneten. Ein Backblech mit Backpapier auslegen. Die Masse gleichmäßig auf dem Blech verteilen, glatt drücken und auf mittlerer Schiene ca. 10 Minuten vorbacken.

③ In der Zwischenzeit die Mandeln und die Cranberrys für den Belag hacken und in einer Schüssel mit den Haferflocken und den Kürbiskernen vermengen. Die restlichen Zutaten dazugeben. Alles zusammen mit einem Esslöffel verrühren, auf dem vorgebackenen Boden verteilen und für weitere 15 Minuten backen.

④ Das Hafer-Knusper-Müsli noch warm in Quadrate schneiden und auskühlen lassen. Es hält sich am besten luftdicht in einer Dose verschlossen.

Kurkuma-Feigen-Schnitten

Diese Schnitten verzaubern den Morgen mit einer orientalischen Note. Durch das Zusammenspiel mit einem Hauch Pfeffer wird die Aufnahme des wertvollen Kurkumas im Körper verbessert.

Zutaten für etwa 25 Stück

100 g Walnüsse
80 g Mandeln
2 TL Chiasamen
100 g glutenfreie Haferflocken
¾ TL gemahlener Ingwer
½ TL gemahlener Zimt
½ TL gemahlene Kurkuma
1 Prise frischer Pfeffer aus der
    Mühle
2 Prisen Meersalz
½ TL Backpulver
3 TL natives Kokosöl, flüssig
    (leicht erwärmen)
2 EL Ahornsirup
6 Medjool-Datteln ohne Kern
90 g frisch geriebener Bio-Apfel
    mit Schale
50 g Softfeigen
50 g getrocknete Cranberrys
1 Prise gemahlene Nelken
Schale von ½ Bio-Zitrone

① Den Backofen auf 180 °C (Umluft) vorheizen. Die Walnüsse und die Mandeln auf einem Backblech verteilen und im Ofen etwa 10 Minuten gleichmäßig rösten. Die Chiasamen in 4 TL Wasser einweichen.

② 50 g der Haferflocken fein mahlen. 40 g der gerösteten Walnüsse und 40 g der gerösteten Mandeln ebenfalls fein mahlen. Die gemahlenen Haferflocken und Nüsse mit den restlichen Haferflocken, ½ TL Ingwer, ¼ TL Zimt, der Kurkuma, dem Pfeffer, 1 Prise Salz und dem Backpulver in eine Schüssel geben und miteinander vermengen. Die eingeweichten Chiasamen mit 2 TL Kokosöl, 1 EL Ahornsirup und 2 Datteln pürieren und mit 30 g geriebenem Apfel zusammen mit den trockenen Zutaten zu einem gleichmäßigen Teig verkneten.

③ Den Teig in zwei Hälften teilen und jeweils zwischen zwei Klarsichtfolien zu gleich großen Rechtecken ca. 4 mm dick ausrollen. Die eine Teighälfte auf ein mit Backpapier ausgelegtes Blech setzen.

④ Die restlichen Datteln, die Softfeigen, die Cranberrys und 20 g geröstete Walnüsse sehr fein hacken und mit dem restlichen geriebenen Apfel, den gemahlenen Nelken, ¼ TL Zimt, ¼ TL Ingwer, einer feinen Prise Salz und der Zitronenschale verkneten. Die Füllung gleichmäßig auf die Teighälfte auf dem Backblech streichen und dann mit der anderen Teighälfte zudecken. Die restlichen gerösteten Walnüsse und Mandeln hacken, mit 1 EL Ahornsirup und 1 TL Kokosöl verrühren und gleichmäßig auf der oberen Teigdecke verteilen. Danach in 25–30 Minuten auf mittlerer Schiene goldbraun backen. Erst komplett auskühlen lassen und dann mit einem scharfen Küchenmesser in 3 cm große Quadrate schneiden.

Plätzchen mit Hanfsamen

Für einen zauberschönen Morgen! Von diesen knusprigen Plätzchen haben wir immer einen kleinen Vorrat im Küchenschrank.

Zutaten für etwa 25 Stück

100 g Dinkelmehl, Type 630
20 g Rohrohrzucker
1 Prise Salz
50 g natives Kokosöl

DEKORATION
etwas Ahornsirup
1 EL Hanfsamen

① Das Dinkelmehl, den Rohrohrzucker und das Salz in eine Rührschüssel geben und miteinander vermischen. Das feste Kokosöl in kleinen Stücken dazugeben und alles fein zerkrümeln. Die Krümel rasch zu einem Teig zusammenkneten.

② Auf einer leicht bemehlten Arbeitsfläche den Teig 3–4 mm dick ausrollen. Mit einer runden Ausstechform (Ø 5 cm) Kreise ausstechen. Die Kekse auf ein mit Backpapier ausgelegtes Blech legen und 15 Minuten kühl stellen.

③ Den Backofen auf 160 °C (Umluft) vorheizen und die Plätzchen in 13–15 Minuten backen.

④ Die Plätzchen mit einer Palette auf ein Gitter legen und kurz abkühlen lassen. Jeden Keks leicht mit Ahornsirup bestreichen und mit ein paar Hanfsamen bestreuen. Die Kekse weitere 5 Minuten bei 160 °C backen. Nach dem Backen auf ein Gitter setzen. In einer Dose bleiben sie lange frisch und knusprig.

Morning Glory Cookies

Zutaten für etwa 60 Kekse

1 TL Chiasamen
40 g Mandeln
20 g Maulbeeren
2 Medjool-Datteln ohne Kern
20 g Rosinen
60 g glutenfreie Haferflocken
60 g Buchweizenmehl
1 Prise Meersalz
80 g natives Kokosöl

Diese knusprigen Kekse stillen auf gesunde Art unser Bedürfnis nach einer Kleinigkeit zum ersten Kaffee am Morgen. Maulbeeren, Medjool-Datteln und Rosinen verleihen ihnen eine ausreichende Süße und versorgen uns mit wertvoller Energie. Kokosöl regt die Fettverbrennung an. Chiasamen, Buchweizen und Haferflocken punkten mit hohem Ballaststoffgehalt. So begrüßen wir gern den Tag!

① Die Chiasamen in 1 EL Wasser für 10 Minuten einweichen. Die Mandeln, die Maulbeeren, die Datteln und die Rosinen fein hacken. Die Haferflocken fein mahlen.

② Alle Zutaten in eine Schüssel geben und miteinander zu einem gleichmäßigen Teig verkneten. Danach zwischen zwei Klarsichtfolien ca. 3 mm dick ausrollen. Die Folie entfernen und aus dem ausgerollten Teig mit einem Ausstecher (Ø 3 cm) kleine Kreise ausstechen. Die Müslikekse auf ein mit Backpapier ausgelegtes Blech legen und 15 Minuten kühl stellen.

③ In der Zwischenzeit den Backofen auf 150 °C (Umluft) vorheizen. Die Kekse auf mittlerer Schiene in ca. 10 Minuten goldbraun backen und dann auf einem Kuchengitter auskühlen lassen.

Pralinen mit Zitronen-Ganache

Kleine Schokoladentürmchen sitzen auf einem knusprigen Keksboden. Die Kombination von dunkler Schokolade mit einem Hauch Zitrone ist einfach unwiderstehlich.

Zutaten für etwa 25 Stück

KEKSBODEN
10 g Haferflocken
50 g Dinkelmehl, Type 630
10 g Rohrohrzucker
1 Prise Meersalz
25 g natives Kokosöl

GANACHE
110 g Schokoladenkuvertüre (70%)
80 ml Mandelmilch
½ EL Rohrohrzucker
1 Prise Meersalz
½ EL mildes Olivenöl
½ EL Zitronensaft
1 Tropfen Bio-Zitronenöl

DEKORATION
80 g Schokolade (70%)
1 EL gemahlene Pistazien

1. Die Haferflocken fein mahlen und mit dem Dinkelmehl, dem Rohrohrzucker und dem Salz in eine Rührschüssel geben. Das Kokosöl in Stücken dazugeben und alles fein krümelig vermischen. Die Krümel zu einem glatten Teig kneten.

2. Den Teig 3–4 mm dick ausrollen und Plätzchen mit gewelltem Rand (Ø 2,5 cm) ausstechen. Die Kekse auf ein mit Backpapier ausgelegtes Backblech legen und 15 Minuten kühl stellen.

3. Den Backofen auf 160 °C (Umluft) vorheizen und die Kekse in etwa 10 Minuten goldbraun backen. Auf einem Gitter auskühlen lassen.

4. Für die Ganache die Schokolade fein hobeln und in eine Schüssel geben. Die Mandelmilch mit dem Rohrohrzucker und dem Salz erhitzen und kurz vor dem Aufkochen auf einmal über die Schokolade gießen, so dass sie bedeckt ist. Abgedeckt 3–4 Minuten stehen lassen. Danach die restlichen Zutaten unter die Ganache rühren. Die Ganache 10 Minuten kühl stellen. Danach jeweils aus 1 TL Ganache einen Kegel formen, auf einen Keks setzen und vorsichtig andrücken.

5. Für die Glasur die Schokolade schmelzen (31–32 °C). Die Pralinen am Keks festhalten und in die Glasur tauchen. Die Spitze jeweils in gehackte Pistazien tauchen und die Pralinen trocknen lassen.

Aronia-Konfekt

Unser „Iss-dich-schön"-Konfekt ist ganz schnell gezaubert!

Zutaten für etwa 20 Stück

10 g getrocknete Aroniabeeren
10 g Hanfsamen
90 g Softtrockenpflaumen
    ohne Stein
40 g grob gehackte Walnüsse
30 g gemahlene Mandeln
1 Prise Meersalz
1 Prise Zimt
1 TL Zitronensaft
1 Tropfen Bio-Zitronenöl

DEKORATION
10 g Kokosraspel

① Die Aroniabeeren im Multizerkleinerer fein mahlen. Die Hanfsamen grob mahlen. Die Trockenpflaumen fein hacken und in eine Schüssel geben. Die Aroniabeeren, die Hanfsamen und die restlichen Zutaten dazugeben und alles kräftig durchmischen.

② Die Konfektmasse nach Belieben formen: Zum Beispiel in Miniguglhupf-formen aus Silikon drücken oder die Masse in Klarsichtfolie einschlagen und ein langgezogenes Rechteck formen. Das Rechteck anschließend in kleine Konfektblöcke schneiden und mit Kokosraspeln verzieren.

Hirse-Aprikosen-Kekse

Die Goldhirse hat im Geschmack eine leicht bittere Note. Aber darüber lächeln wir gern hinweg! Durch ihren hohen Anteil an Kieselsäure und Eisen lässt sie den Teint strahlen und sorgt so für den „Glow Effect".

Zubereitung für etwa 20 Stück

100 g Goldhirse oder Hirsemehl
20 g Buchweizenmehl
20 g Rohrohrzucker
1 Prise Meersalz
1 Tropfen Bio-Zitronenöl
4 getrocknete Aprikosen
50 g natives Kokosöl

① Die Hirse in einer Getreidemühle fein mahlen und mit dem Buchweizen-mehl, dem Rohrohrzucker, dem Salz und dem Zitronenöl in eine Rührschüs-sel geben. Die Aprikosen fein hacken und hinzufügen. Das Kokosöl in kleinen Stücken dazugeben und alle Zutaten fein zerkrümeln. Danach die Krümel zu einem Teig zusammenkneten.

② Den Teig halbieren. Jedes Teigstück zu einer 3 cm dicken Rolle formen. Davon etwa 5 mm breite Scheiben abschneiden und diese zu kleinen Rechtecken formen.

③ Ein Backblech mit Backpapier auslegen, die Plätzchen darauflegen und 15 Minuten kühl stellen.

④ Den Backofen auf 160 °C (Umluft) vorheizen. Die Hirse-Aprikosen-Kekse in etwa 15 Minuten goldbraun backen. Danach auf einem Gitter auskühlen lassen und in einer Dose aufbewahren.

Madeleines „Coup de Cœur"

Das Beta-Carotin in Karotten macht die Haut zart und regt die Zellerneuerung an. Diese saftigen Schönmacher schmecken noch leicht warm aus dem Ofen vorzüglich!

Zutaten für etwa 30 Stück

150 g Dinkelmehl, Type 1050
1 TL Zimt
1 Prise Meersalz
1 TL Backpulver
1 Msp. Natron
80 ml Olivenöl
2 Eier
50 g Dattelzucker
100 g Karotten
100 g Apfel
50 g Datteln
50 g Walnüsse
25 g Kokosraspel

TOPPING
25 g Haferflocken
1 EL Sonnenblumenkerne
1 EL Hanfsamen
35 g Dinkelmehl, Type 1050
10 g Dattelzucker
25 g Butter
10 g Reissirup
2 TL Olivenöl
Puderzucker aus Rohrohrzucker
    zum Bestäuben

① Für das Topping die Haferflocken, die Sonneblumenkerne und die Hanfsamen fein mahlen und zusammen mit dem Dinkelmehl und dem Dattelzucker in eine Rührschüssel geben. Die Butter würfeln und hinzufügen. Mit der Hand fein krümelig vermischen. Den Reissirup, das Öl und 2 TL Wasser hinzugeben und alles zu Streuseln vermischen.

② Für den Teig zuerst das Mehl, den Zimt, das Salz, das Backpulver und das Natron in einer Schüssel vermischen. In einer Rührschüssel das Öl, die Eier und den Dattelzucker verrühren. Die Karotten reiben, den Apfel fein raspeln, die Datteln fein würfeln und die Walnüsse grob mahlen. Die Karotten, den Apfel, die Kokosraspel, die Datteln und die Walnüsse daruntermischen. Zum Schluss die Mehlmischung nur kurz unterrühren.

③ Den Backofen auf 180 °C (Umluft) vorheizen. Die Hälfte des Teiges in die Madeleinebackformen (aus Silikon) einfüllen, mit der Hälfte der Streusel bestreuen und in etwa 15 Minuten goldbraun backen. Mit der zweiten Hälfte des Teiges genauso verfahren. Die Madeleines mit einem winzigen Hauch Puderzucker bestreuen.

Glasierte Teffplätzchen

Das leicht nussig schmeckende Teffmehl mit seinen vielen Inhaltsstoffen gilt als der geheime Star unter den Beauty Foods!

Zubereitung für etwa 30 Stück

20 g Teffmehl
30 g Dinkelvollkornmehl, möglichst frisch und fein gemahlen
10 g fein gemahlene geschälte Mandeln
1 TL Kokosblütenzucker
1 TL Rohrohrzucker
1 Prise Meersalz
25 g natives Kokosöl

DEKORATION
2 EL Ahornsirup
2 EL Mandelmilch
Fleur de Sel

① Die Mehle, die Mandeln, den Kokosblütenzucker, den Rohrohrzucker und das Salz in eine Rührschüssel geben und gut vermischen. Das Kokosöl hinzufügen und alles zu feinen Streuseln vermischen. Zuletzt 2 TL Wasser dazugeben und einen glatten Teig kneten.

② Den Teig zwischen zwei Klarsichtfolien 3–4 mm dick ausrollen und Plätzchen in Eichelform ausstechen. Die Kekse auf ein mit Backpapier ausgelegtes Backblech legen und 15 Minuten kühl stellen.

③ In der Zwischenzeit den Backofen auf 160 °C (Umluft) vorheizen. Die Teffplätzchen etwa 10–12 Minuten backen, bis sie leicht gebräunt sind. Nach dem Backen auf einem Kuchengitter auskühlen lassen.

④ Für die Glasur den Ahornsirup und die Mandelmilch in einem Topf einköcheln lassen, bis der Guss leicht dicklich wird. Die obere Hälfte der Plätzchen damit glasieren und zuletzt mit etwas Fleur-de-Sel-Flocken bestreuen.

Hildabrötchen „reloaded"

Dieses köstliche Gebäck ist nach der einstigen Großherzogin Hilda von Baden benannt. Wir haben den Klassiker mit gesunden, schön machenden Zutaten aufgefrischt. Ihre Hoheit wäre bestimmt begeistert.

Zutaten für etwa 12 Stück

30 g Quinoamehl
90 g Dinkelmehl, Type 1050
1 TL Leinsamenmehl
10 g gemahlene Mandeln
1 Prise Meersalz
35 g Rohrohrzucker
Mark von ¼ Vanilleschote
85 g kalte Butter
1 kleines Glas Heidelbeerkonfitüre
etwas Puderzucker aus
Rohrohrzucker

① Die Mehle, die Mandeln, das Salz, den Rohrohrzucker und das Vanillemark in eine Rührschüssel geben und gut vermischen. Die Butter in Würfel schneiden und hinzufügen. Mit der Hand fein krümelig vermengen. Danach alles rasch zu einem glatten Teig zusammenkneten.

② Den Teig auf einer leicht bemehlten Arbeitsfläche 4–5 mm dick ausrollen und Kreise von 5 cm Durchmesser ausstechen. Aus der Hälfte der Kreise ein kleines Loch ausstechen. Die Plätzchen auf ein mit Backpapier ausgelegtes Backblech legen und 15 Minuten kühl stellen.

③ Den Backofen auf 160 °C (Umluft) vorheizen und die Kekse in etwa 15 Minuten knusprig backen. Danach auf einem Gitter auskühlen lassen.

④ Die untere Hälfte der Hildabrötchen mit etwas erwärmter Heidelbeerkonfitüre bestreichen, das gelochte Plätzchen obendrauf setzen. Mit einem winzigen Hauch Puderzucker bestäuben.

UNSER TIPP:
Falls Sie kein Quinoamehl bekommen, können Sie auch ganze Quinoakörner sehr fein mahlen.

Husarenkrapfen mit Hagebutte

Das leichte Karamellaroma des Kokosblütenzuckers harmoniert besonders gut mit der fein-herben Fruchtfüllung.

Zutaten für etwa 20 Stück

75 g Dinkelmehl, Type 1050
25 g Kokosblütenzucker
30 g gemahlene geschälte
    Mandeln
1 Prise Meersalz
1 Prise Kardamom
1 Prise Macis
55 g kalte Butter
1 kleines Glas Bio-Hagebutten-
    konfitüre

① Das Mehl, den Kokosblütenzucker, die Mandeln und die Gewürze in eine Rührschüssel geben und vermischen. Die Butter in Würfel schneiden und dazugeben. Alles mit der Hand fein zerkrümeln und danach rasch zu einem glatten Teig zusammenkneten.

② Den Teig zu einer 3 cm dicken Rolle formen. Etwa 1 cm breite Scheiben abschneiden. Die Scheiben zu kirschgroßen Kugeln formen und auf ein mit Backpapier ausgelegtes Backblech legen. Mit dem Ende eines Kochlöffels in jede Kugel eine Vertiefung drücken. Danach 15 Minuten kühl stellen.

③ In der Zwischenzeit den Backofen auf 160 °C (Umluft) vorheizen und die Kekse in etwa 15 Minuten goldbraun backen. Danach auf einem Gitter auskühlen lassen.

④ Die Hagebuttenkonfitüre erwärmen, in eine Dosierflasche geben und die Husarenkrapfen damit füllen.

Hafergänse

Dieses Rezept ist genial, um gemeinsam mit Kindern zu backen und dabei Geschichten zu erzählen. Vielleicht die von Nils Holgersson und der Gans Akka von Kebnekaise.

Zutaten für etwa 24 Stück

60 g Haferflocken
60 g Dinkelmehl, Type 1050
10 g Hanfsamen
1 Prise Meersalz
1 TL Leinsamenmehl
40 g Rohrohrzucker
85 g kalte Butter

DEKORATION
ein paar Aroniabeeren
     oder Korinthen
etwas Ahornsirup
1 EL Kokosraspel

1. Die Haferflocken in einer trockenen Pfanne kurz anrösten, bis sie leicht duften. Danach in einem Multizerkleinerer fein mahlen. Das Hafermehl und die restlichen Zutaten bis auf die Butter in einer Rührschüssel gut vermischen. Die Butter in Würfel schneiden, hinzufügen und mit der Hand alles fein krümelig vermischen. Die Krümel rasch zu einem Teig zusammenkneten.

2. Auf einer leicht bemehlten Arbeitsfläche den Teig 3–4 mm dick ausrollen. Gänse ausstechen, mit einer Palette auf ein mit Backpapier ausgelegtes Blech legen und nach Belieben mit „Augen" aus Aroniabeeren oder Korinthen verzieren. Die Gänse 15 Minuten kühl stellen.

3. Den Backofen auf 160 °C (Umluft) vorheizen und die Gänse etwa 10 Minuten backen, bis sie leicht gebräunt sind. Das Blech aus dem Ofen nehmen, das „Gefieder" mit wenig Ahornsirup bestreichen und mit Kokosraspeln bestreuen. Die Gänse für weitere 5 Minuten bei 160 °C backen. Danach mit einer Palette vorsichtig auf ein Gitter legen und auskühlen lassen.

Kürbiskernkipferl mit Granola-Topping

In der Steiermark werden Ölkürbisse angebaut. Die gesunden Kürbiskernkipferl haben dort eine lange Tradition. Wir haben sie noch mit einem Granola verfeinert.

Zutaten für etwa 25 Stück

GRANOLA
40 g Haferflocken
1 EL Pistazien
1 EL natives Kokosöl
1 Prise Meersalz
1 EL Ahornsirup
1 TL Matcha-Pulver

KIPFERL
50 g Kürbiskerne
75 g Dinkelmehl, Type 630
25 g Rohrohrzucker
1 Prise Meersalz
60 g kalte Butter
etwas Puderzucker
        aus Rohrohrzucker

① Für das Granola die Haferflocken grob mahlen. Die Pistazien fein hacken. Das Kokosöl in einem Topf erwärmen, die Haferflocken und die Pistazien darin kurz anrösten. Das Salz, den Ahornsirup und den Matcha unterrühren und das Granola beiseite stellen.

② Für den Kipferlteig zuerst die Kürbiskerne fein mahlen und in eine Rührschüssel geben. Das Mehl, den Rohrohrzucker und das Salz hinzufügen. Die Butter in Würfel schneiden, dazugeben und mit der Hand alles fein zerkrümeln. Danach alle Zutaten rasch zu einem Teig zusammenkneten.

③ Auf einer bemehlten Arbeitsfläche den Teig halbieren und jeweils zu einer 3 cm dicken Rolle formen. Etwa 1 cm breite Scheiben abschneiden. Mit den Fingerspitzen die Scheiben zusammendrücken und zu halbrunden Kipferln formen. Ein Backblech mit Backpapier auslegen. Die Kipferl mit der Oberseite in etwas Granola drücken und auf das Blech setzen. Die Kipferl 15 Minuten kühlen.

④ Den Backofen auf 160 °C (Umluft) vorheizen und die Kipferl etwa 15 Minuten backen. Danach auf einem Gitter auskühlen lassen und dann weitere 5 Minuten bei 160 °C backen. So werden sie schön knusprig. Zum Schluss mit einem winzigen Hauch Puderzucker bestäuben.

UNSER TIPP:
Falls es mal schnell gehen soll, können Sie die Kipferl auch ohne Granola backen.

Dattel-Walnuss-Schneckchen

You, me and a cup of tea! Dieses gefüllte Teegebäck passt wunderbar zu einer kleinen Verabredung!

Zutaten für etwa 70 Stück

FÜLLUNG
10 Medjool-Datteln ohne Kern
100 g Walnüsse
125 g Mandelmilch
40 g Honig
1 TL Zimtpulver

TEIG
180 g weiche Butter
2 EL Kokosblütenzucker
1 Prise Meersalz
1 Ei
1 TL Weinsteinbackpulver
150 g Dinkelmehl, Type 630
150 g Dinkelvollkornmehl,
    möglichst frisch und
    fein gemahlen
etwas Mehl für die Arbeitsfläche

1. Für die Füllung die Datteln und die Walnüsse fein hacken. Die Mandelmilch, den Honig und den Zimt in einem Topf unter ständigem Rühren zum Kochen bringen. Die Datteln und die Walnüsse gut untermengen. Die Masse vom Herd nehmen und abkühlen lassen.

2. Für den Teig die Butter, den Kokosblütenzucker und das Salz in eine Rührschüssel geben und cremig schlagen. Das Ei gut unterrühren. Das Backpulver mit den Dinkelmehlen vermischen und mit einem Holzlöffel nach und nach unter die Schaummasse arbeiten. Den Teig mit der Hand zu einer glatten Kugel formen.

3. Den Teig halbieren. Eine Hälfte auf einer leicht bemehlten Arbeitsfläche zu einem Rechteck von etwa 35 × 25 cm ausrollen. Die Hälfte der Füllung gleichmäßig darauf verstreichen. Die Teigplatte von der Längsseite her aufrollen. Mit der zweiten Teighälfte genauso verfahren. Die Rollen zugedeckt 1 Stunde kühlen.

4. Ein Backblech mit Backpapier auslegen. Den Backofen auf 180 °C (Umluft) vorheizen. Die Teigrollen mit einem scharfen Messer in etwa ½ cm breite Scheiben schneiden und auf das Backblech setzen. Die Plätzchen im Backofen auf mittlerer Schiene in etwa 30 Minuten goldbraun backen.

Hörnchen mit Pflaumenmus

Diese Hörnchen schmecken am besten knusprig frisch aus dem Ofen! Sie sind eine Erinnerung an Lisa, die dieses ursprünglich ungarische Rezept oft für unsere Familie gebacken hat.

Zutaten für etwa 35 Stück

85 g Trockenpflaumen ohne Kern
10 g frische Hefe
½ TL Kokosblütenzucker
70 ml Mandelmilch
85 g Dinkelmehl, Type 630
85 g Dinkelvollkornmehl,
    möglichst frisch und
    fein gemahlen
1 Prise Meersalz
85 g natives Kokosöl
etwas Mehl zum Ausrollen
etwas Puderzucker
    aus Rohrohrzucker

① Die Pflaumen mit kochendem Wasser übergießen, bis sie bedeckt sind. Die Pflaumen nun 5 Minuten einweichen, einmal aufkochen und so lange köcheln lassen, bis sie beginnen zu zerfallen. Die restliche Flüssigkeit in ein Gefäß abgießen und aufbewahren. Nun die Pflaumen pürieren, bis ein geschmeidiges Mus entsteht. Dabei gegebenenfalls noch etwas von der aufgefangenen Flüssigkeit dazugießen.

② Die frische Hefe zerbröckeln und mit dem Kokosblütenzucker in der Mandelmilch auflösen. Die Dinkelmehle und das Salz in eine Schüssel geben und eine Mulde hineindrücken. Das feste Kokosöl in Flöckchen auf dem Mehlrand verteilen. Die Hefemilch in die Mulde gießen und einen glatten Teig kneten.

③ Den Teig auf einem bemehlten Backbrett etwa 3 mm dick ausrollen. Mit dem Teigrädchen 5 cm große Quadrate ausschneiden. Auf jedes Teigquadrat in die Mitte ½ TL von dem Pflaumenmus setzen. Eine Ecke des Quadrats über das Mus schlagen und leicht einrollen. Die gegenüberliegende Ecke darüberschlagen. Die äußeren Ecken wie ein Hörnchen leicht nach unten drehen. Die Hörnchen nebeneinander auf ein mit Backpapier ausgelegtes Blech setzen und 10 Minuten gehen lassen.

④ In der Zwischenzeit den Backofen auf 150 °C (Umluft) vorheizen. Die Hörnchen etwa 20 Minuten backen, auskühlen lassen und mit Puderzucker bestreuen.

Zarte Schoko-Bananen-Kugeln

Eine feine Bitterschokolade mit einem hohen Kakaogehalt eignet sich für dieses Gebäck am besten.

Zutaten für etwa 35 Stück

1 mittelgroße Banane
100 g Bitterschokolade (70%)
40 g natives Kokosöl
45 g Dattelzucker
1 Prise Meersalz
½ TL Backpulver
95 g Dinkelmehl, Type 1050
sehr wenig Puderzucker
    aus Rohrohrzucker

① Die Banane schälen und mit einer Gabel zuerst zerdrücken, danach schaumig aufschlagen. Es sollten sich 70 g Bananenmus ergeben.

② Die Schokolade mit einem großen Messer in feine Späne schneiden und in eine Schüssel geben. Die Schüssel über ein heißes Wasserbad stellen und die Schokolade schmelzen. Sie darf auf keinen Fall zu heiß werden! Das Kokosfett in kleinen Stücken unter die Schokolade rühren. Danach den Dattelzucker und das Bananenmus unterrühren. Das Salz, das Backpulver und das Dinkelmehl vermischen und zuletzt kurz unter die Schokoladenmasse rühren.

③ Ein Backblech mit Backpapier auslegen. Aus dem Teig mit einem Teelöffel Portionen abstechen und daraus kirschgroße Kugeln formen. Die Schokoladenkugeln 10 Minuten kühl stellen.

④ In der Zwischenzeit den Backofen auf 180 °C (Umluft) vorheizen. Die Kugeln nur 9–10 Minuten backen. Sie sollen sich noch weich anfühlen, wenn sie aus dem Backofen kommen. Auf einem Gitter auskühlen lassen, mit einem Hauch Puderzucker bestäuben und möglichst frisch genießen.

Crispy Hempseed Oaties

Die Liebe zu den knusprigen Oaties haben wir aus Edinburgh mitgebracht. Sie schmecken pur, aber auch köstlich mit einem leichten Kräuterdip.

Zutaten für etwa 20 Stück

45 g Haferflocken
15 g Hanfsamen
½ TL Rohrohrzucker
1 Prise Meersalz
1 Msp. Natron
15 g kalte Butter

1. Die Haferflocken und die Hanfsamen in einer trockenen Pfanne leicht anrösten, bis sie ein wenig duften, und dann auf einem Teller abkühlen lassen. Danach in einem Multizerkleinerer fein mahlen und mit dem Rohrohrzucker, dem Salz und dem Natron in einer Rührschüssel vermischen. Die Butter würfeln, dazugeben und alles mit der Hand zerkrümeln. Zuletzt 30 ml heißes Wasser dazugießen und einen glatten Teig kneten.

2. Den Teig zwischen Klarsichtfolien 3–4 mm dick ausrollen und dann runde Kekse (Ø 5 cm) ausstechen. Zum Verzieren der Oaties eine kleine runde Häkeldecke auf das Plätzchen legen und leicht andrücken, so dass ein filigranes Muster entsteht.

3. Die Oaties auf ein mit Backpapier ausgelegtes Backblech legen und 15 Minuten kühl stellen.

4. In der Zwischenzeit den Backofen auf 160 °C (Umluft) vorheizen und die Oaties in etwa 15 Minuten goldbraun backen. Danach auf einem Gitter auskühlen lassen und weitere 5 Minuten backen.

UNSER TIPP:
„Twice baked", also das zweifache Backen von Cookies, sorgt dafür, dass das Gebäck besonders knusprig wird.

Scottish Oat Cakes

Wir kombinieren unsere ballaststoffreichen Haferkekse sehr gern mit Avocado. Diese grüne Frucht enthält das Enzym Lipase, welches die Fettverbrennung ankurbelt.

Zutaten für 8 Stück

50 g Haferflocken
15 g Haferkleie
1 EL geröstete, fein gehackte
Haselnüsse
1 Prise Meersalz
1 TL Rohrohrzucker
1 Prise Natron
20 g kalte Butter

① Die Haferflocken und die Haferkleie fein mahlen und in eine Rührschüssel geben. Die Nüsse, das Salz, den Rohrohrzucker und das Natron dazugeben und vermischen. Die Butter würfeln, hinzufügen und mit der Hand alles zu feinen Krümeln vermischen. Zuletzt 30 ml kochendes Wasser sehr genau abmessen, dazugeben und die Zutaten zu einem glatten Teig kneten.

② Den Teig zwischen zwei Klarsichtfolien zu einem Kreis von 12 cm Ø ausrollen. Die Kante mit einer Gabel leicht andrücken – so entsteht ein schönes Muster. Den Teigkreis in acht gleich große Stücke teilen. Die Ecken auf ein mit Backpapier ausgelegtes Backblech legen und 10 Minuten kühl stellen.

③ Den Backofen auf 160 °C (Umluft) vorheizen. Die Kekse etwa 15 Minuten backen. Auf einen Gitter auskühlen lassen, danach noch weitere 5 Minuten backen. So werden sie schön knusprig.

UNSER TIPP:

Wir stellen geröstete Haselnüsse auf Vorrat her. Dafür die Haselnüsse im Backofen bei 175 °C etwa 10 Minuten rösten. Danach auf ein Küchentuch geben und gegeneinander reiben. So löst sich die Schale ganz einfach.

Cracker mit schwarzem Sesam

Diese Cracker sind unser Geheimrezept für schöne Haut, Haare und Nägel! Sie schmecken köstlich, egal ob einfach pur geknabbert oder zusammen mit leichtem Frischkäse und reichlich frischer Kresse!

Zutaten für 2 Backbleche

15 g Chiasamen
15 g schwarzer Sesam +
    zum Bestreuen
16 g Sonnenblumenkerne
15 g Leinsamen
15 g glutenfreie Haferkleie
½ TL Meersalz
etwas Olivenöl zum Ausrollen

1. Den Backofen auf 150 °C (Umluft) vorheizen. Die Zutaten miteinander vermengen, im Multizerkleinerer sehr fein mahlen und dann mit 50 ml Wasser zu einer gleichmäßigen Masse verkneten. Den Teig 5 Minuten quellen lassen.

2. Zwei Backpapiere leicht mit Olivenöl einölen. Die Hälfte der Masse in die Mitte des Backpapiers legen, mit dem zweiten eingeölten Backpapier bedecken und hauchfein ausrollen. Das obere Backpapier vorsichtig abziehen. Das untere Backpapier mit dem ausgerollten Teig auf ein Backblech setzen und großzügig mit schwarzem Sesam bestreuen.

3. Die Cracker in etwa 20 Minuten auf mittlerer Schiene knusprig backen und noch warm in kleine Quadrate schneiden. Mit der zweiten Teighälfte genauso verfahren.

Kokos-Limetten-Herzen

Beim Genießen dieser Cookies denken wir unweigerlich an einen sonnigen entspannten Nachmittag am Meer.

Zutaten für etwa 45 Stück

60 g Mandeln
90 g glutenfreie Haferflocken
6 Medjool-Datteln ohne Kern
1 Prise Meersalz
Schale von 2 Bio-Limetten
60 g Kokosraspel
110 g natives Kokosöl

① Die Mandeln und die Haferflocken im Multizerkleinerer jeweils fein mahlen. Die Datteln fein hacken.

② Alle Zutaten rasch zu einem glatten Teig kneten. Den Teig zwischen zwei Klarsichtfolien 3–5 mm dick ausrollen, auf ein Backbrett legen und kleine Herzen (4 cm breit) ausstechen. Die Teigreste immer wieder zu einer Kugel formen und wie oben beschrieben ausrollen. Die Herzen auf ein mit Backpapier belegtes Backblech setzen und für 15 Minuten kühlen.

③ In der Zwischenzeit den Backofen auf 150 °C (Umluft) vorheizen. Die Kokos-Limetten-Herzen in 10–15 Minuten auf mittlerer Schiene goldbraun backen und anschließend auf einem Kuchengitter auskühlen lassen.

Crunchy Cups

Solch ein Müslibecher, gefüllt mit Naturjoghurt und aromatischen Beeren, ist ein leichter, erfrischender Snack.

Zutaten für etwa 22 Stück

1 EL Chiasamen
30 g Walnüsse
60 g Mandeln
60 g Cranberrys
90 g glutenfreie Haferflocken
1 TL Zimt
1 Prise Meersalz
1 reife Banane
4 Medjool-Datteln ohne Kern
30 ml natives Kokosöl, flüssig
 (leicht erwärmen) +
 etwas zum Einfetten der Form

1. Die Chiasamen in 2 EL Wasser einweichen. Die Walnüsse, die Mandeln und die Cranberrys fein hacken und mit den Haferflocken, dem Zimt und dem Salz in eine Schüssel geben. Die eingeweichten Chiasamen mit der geschälten Banane, den Datteln und dem Kokosöl fein pürieren und mit den trockenen Zutaten gleichmäßig verkneten.

2. Ein Minimuffin-Backblech mit Kokosöl einfetten. Den Müsliteig in die Förmchen füllen. Danach mit einem Finger in der Mitte eine Vertiefung sowie außen einen Rand formen. Die kleinen Müslibecher für 15 Minuten kühlen.

3. In der Zwischenzeit den Backofen auf 150 °C (Umluft) vorheizen. Die Becher in 15–20 Minuten auf mittlerer Schiene goldbraun backen, vorsichtig aus der Form nehmen und zum Auskühlen auf ein Kuchengitter setzen. Die Becher halten sich am besten luftdicht in einer Dose verschlossen.

Register